ese golpe de luz

gabriel gonzález núñez

FlowerSong Books
McAllen, Texas
www.flowersongbooks.com

ISBN: 978-1-7338092-5-2

Editado por FowerSong Books
en Estados Unidos de América

Diseño de la portada: Alicia Aguirre

Una versión de "Silencio" se publicó originalmente en la revista La Marca Hispánica
Una versión de "Brownsville" se publicó originalmente en Boundless 2017.
"Trashumantes" se publicó originalmente en Boundless 2018.
"Paysandú" se publicó originalmente en El paso de los años.
"Bogotá" se publicó originalmente en Antología FeIPoL 2018.
"Ciudad de México" se publicó originalmente en Antología FeIPoL 2018.

A Walter y Zulma,

los mejores guías en este destello que transcurre.

ESE GOLPE DE LUZ

Cuatro décimas originarias

Cinco haikús cotidianos

Diez madrigales modernos

Quince sonetos citadinos

Una posdata

Prólogo
Rossy Evelyn Lima, poeta

Ese golpe de luz es un recuento minucioso de observaciones poéticas, un viaje circular del cosmos a la vida cotidiana y todo lo que nos acontece en este vital latido.

González Núñez presenta este poemario como quien abre las puertas de su casa, con una sencillez doméstica que nos hace redescubrir la vida diaria, que nos nutre como quien ofrece una hogaza de pan, como quien dice «te quiero». Sin embargo y sin tardanza, la puerta de esta casa se transforma en un caleidoscopio por donde sentimos los colores y las formas confluir de lo cosmogónico hasta los orígenes del todo.

Cuarenta y un poemas presentados con la descripción explícita de un narrador que prepara los oídos del escucha. «Un poema apasionado», «Quince sonetos citadinos», nos dice el poeta con avisos que separan cada sección, adornando una página y llenándola de la expectativa que se revela detrás de nuestros dedos. González Núñez nos invita a continuar nuestra visita a esta casa grande, donde paradójicamente, se van manifestando preguntas, insinuando un diálogo que nos eleva a un inconmensurable cielo y nos guía «a la muerte / ese nacimiento insalvable».

Lo que el poeta presenta en estos versos es una mirada ilimitada mediante la utilización de un centelleo de imágenes, erigidas en formas estructuradas como el soneto, la décima y el haikú, que logran mantener su individualidad para ser paladeadas dentro y fuera de la forma. Para ilustrar este caso ofrezco como ejemplo la sección «Cuatro décimas originarias», una cadena de «orígenes místicos» que narran con verso rimado destellos del folclor que enciende y revive a nuestra América.

La forma clásica del haikú remonta a la posición emotiva y humanística de Yosa Buson, pues en esta forma, González Núñez ha insertado también una efusión enternecedora de la habitualidad que rueda con el sol, la luna y un entorno familiar que se convierte en el centro, el eje de estos astros.

González Núñez logra alzar, con gran sensibilidad y compromiso artístico, la voz del inmigrante en sus «Quince sonetos citadinos». Estos sonetos hallan un formidable espacio para compartir encuentros y desencuentros, emociones de angustia y lejanía: «Hoy te veo a través de un viejo lente/ —todo tiene una textura difusa—./ Soy como quien mira y se aleja a la vez». Este es el segundo poema de la sección, y nos saca de la voz narrativa del poemario para hacernos cómplices de este diálogo entre el poeta y la ciudad, de la cuidad y «un adulto que extravió la niñez». Este recurso es utilizado de forma recurrente y mantiene al lector entre el intimismo y la expectación. El poeta hace uso de una descripción narrada en cada soneto citadino, vinculando las palabras, la forma y la nostalgia con una divulgación sociohistórica que le permite al lector presenciar una viñeta luminosa extraída de los ojos del viajero. De esta sección también merece especial destaque no solamente el rol del poeta como cronista sino también su papel como dibujante de territorios vividos en sus templos, castillos, ciudades, vegetaciones, climas y, sobre todo, lenguajes: «No se sabe qué lengua es la primera. / Son dos las cuales se usan sin censuras».

Antes de que termine nuestra visita, el poeta decide llevarnos a su sala más amplia, la última sección titulada «Una posdata» en donde convergen los recursos y las formas presentadas de forma cuasi individual en los poemas anteriores. Este desfile de palabras es partida y encuentro. Estos versos se graban en la memoria porque son radicalmente familiares en el sentido humano, en el deambular que reconocemos o añoramos, en nuestra hambre de pertenecer y de saber a dónde pertenecemos. Llegan a nosotros estos últimos versos que presenta González Núñez a través de la voz inseparablemente vivencial, sin fragmentar nuestra experiencia, nuestro sitio en este panorama que por suerte podemos revisitar con sólo una vuelta de página.

Ese golpe de luz es un acumen de atención a la forma, expresada dentro y fuera de la imagen poética, que presenta varias formas para leerse: con deleite en la poesía conversacional, con atención a la métrica poética o convocando cada palabra como quien se aventura a conocer y a sentir una verdad que emerge desde rumbos cotidianos.

Noviembre de 2019
Lubbock, Texas, Estados Unidos

Prefacio
Gabriel González Núñez, escribidor

Este poemario existe por dos causas distintas pero entrelazadas. La primera es que, como todo aquel que escribe poesía, he leído muchos poemas en mi vida. Es natural que, de tanto leer a Neruda y Benedetti y Machado y tantos otros, vivos y muertos, quiera uno ensayar algo de todo eso. Así que cuando me puse a escribir utilicé las formas que conocía y que de un modo u otro me resultaban especialmente interesantes: el espacio expresivo del verso libre, la estética minimalista del haikú, la sonoridad rítmica del soneto y así sucesivamente.

El poemario es un reflejo de la vida de trotamundos improvisado que me ha tocado vivir. Tal vez por ello me he vuelto muy consciente de lo esencial que es la savia que sube por las raíces, lo complejo que resulta navegar las correntadas del mundo moderno y lo sobrecogedor que es buscar la trascendencia de la eternidad. Me gusta pensar que en este crisol de pasado, presente y futuro que somos existe una chispa divina que escapa todo entendimiento. Estos poemas son, entonces, unos torpes intentos por expresar distintos aspectos de eso que no se logra decir pero que todos intuimos.

Este mundo, que es el único que conocemos, tiene sus luces y sus sombras. Espero que el tiempo que cada lector le dedique a leer las páginas que siguen sea más de luz que de sombra.

Noviembre de 2019
Brownsville, Texas, Estados Unidos

un poema apasionado

Gabriel González Núñez

Busco decirte

Busco decirte cuánto te quiero, de verdad,
no cuánto te quiero en flores o en estrellas
en soles o en mares
sino de verdad

Busco decirte
cuánto te quiero cada vez que te ponés a lavar los platos
pero me distraigo doblando la ropa
cuánto te quiero cada vez que ponés a hervir agua para los fideos
pero me ocupo ordenando el living

Busco decirte
cuánto te quiero cada vez que te sentás con las niñas a ayudarlas con los deberes
pero se me pasan las horas frente al teclado en el trabajo
cuánto te quiero cada vez que te levantás temprano a aprontar a las niñas
pero las palabras se me olvidan preparándote el mate

Busco decirte
cuánto te quiero cuando de noche nos sentamos a ver la tele
pero en vez me pongo a acariciarte la espalda

Busco decirte
cuánto te quiero cuando pasan los años
y la cintura se nos ensancha
y los huesos se nos ablandan

Busco decirte, en una palabra, no que te quiero
flores y estrellas
soles y mares
sino que te quiero
suelas gastadas y losas quebradas
fines de mes apretados y aguinaldos anhelados
plegarias bajo la luna y canciones junto a la cuna
conversaciones consecuentes y momentos intrascendentes

3

Busco decirte que te quiero no con el amor del cine
    sino con el amor del que dice: «Aquí estoy y a esto vine»
    con el amor que se hace
                caminando y conversando
                creando y criando
                creyendo y siendo

Es decir, busco decirte cuánto te quiero, de verdad.

dos poesías existenciales

Gabriel González Núñez

A veces en la soledad de la noche

A veces en la soledad de la noche
cuando la oscuridad pesa sobre mi cuerpo acostado
siento que soy un embrión de barro
inerte
con el sino de mucho más.

Y deseo tomarme de un solo trago
todos los unos y ceros del planeta.

Deseo sentir lo que siente el cóndor
cuando se cuelga ufano por encima de la cordillera.

Deseo flotar en un cauce de polvo cósmico hasta el sol
y ensordecer con el estruendo de dos átomos
cuando hacen un fotón.

Deseo traspasar los límites del sistema solar
en el fulgor cegador de la cola de un cometa.

Deseo pararme en el filo de un horizonte de sucesos
para embriagarme con la entropía interior
del agujero negro más negro.

Deseo ver los colores de los rayos que me atraviesan
el zafiro de los gamma

el esmeralda de los equis

el rubí de los infrarrojos.

Deseo sostener en cada mano un planeta

y ser todos los átomos de una galaxia.

Deseo correr el velo que cubre el universo

y allí adivinar la morada de Dios...

A veces en la soledad de la noche

cuando la oscuridad pesa sobre mi cuerpo acostado

aborrezco mi lodo malformado.

Sin lugar a dudas

Esta fugaz existencia

es el fogonazo flotante de un faro en la noche sin confines

es ruido entre dos silencios

es luz (o mejor dicho es un bemol visible)

visto esto / vista ella

sin lugar a dudas

lo importante vendría a ser la vida

¿verdad?

y en ese destello que transcurre

entre el primer llanto expectante

y el último suspiro vacilante

todos vivimos como si algo / como si alguien

el nacimiento / esa muerte necesaria

nos inicia en el sendero

de llantos sentidos

risas

y placeres sufridos

que nos lleva de regreso

a la muerte / ese nacimiento insalvable

durante esos instantes terrenales descubrimos

que los sueños nos alegran de noche

que los niños dan trabajo y alegran

que las pesadillas nos aterran de día

que los viejos dan trabajo y entristecen

que el hoy es el ayer del mañana

algunos nos enamoramos siete veces / siete veces siete

algunos nos enamoramos una vez / para la vida toda

otros no nos enamoramos

todos regalamos mentiras por piedad

todos escondemos rencores en el desván

hay quienes llegan a odiar

somos / en fin / bandadas de rarae aves

rasando en eternos giros insospechables

el fondo del cielo

todo entre un llanto y un suspiro de luz

ese golpe de luz / vale decir / la luz de ese golpe

de algún lado viene

y a alguna parte va

fue una corriente invisible antes de su luminoso estallido

Ese golpe de luz

y aunque pronto se desvanezca de la memoria de la retina

seguirá en su viaje

de energía y partícula

hasta los confines de la noche sin confines.

Gabriel González Núñez

tres versos americanos

Gabriel González Núñez

Silencio

Fogatas australes encienden los patagones
Al toqui y su hacha siguen los mapuches.

Las kachinas ancestrales danzan entre los hopis.
Con tonos milenarios se comunican los navajos.

Sus lanzas mortíferas afinan los charrúas.
Ñamadú vive en la memoria de los guaraníes.

La serpiente emplumada rige a los aztecas.
A Zipacná orgulloso recuerdan los mayas.

La puerta del sol da vida a los aymaras.
Las casas de sus mujeres resguardan a los tupíes.

El camino real construyen los incas.
Cabezas reducen en secreto los shuar.

De coco y fruta se alimentan los caribes.
Al murciélago y al búho veneran los taínos.

12 de octubre de 1492:

¡Tierra, tierra, tierra!

Enmudece Xibalbá.

Llora el dios cristiano.

América

Hubo por aquellos días,

en la isla que llevaría nombre de explorador europeo,

un espectro que rondaba

de casa en casa,

de rincón en rincón,

merodeando cementerios improvisados,

llorando en arenas atlánticas y

penando por

los hijos

del

sol.

Mi poema

in noxochiuh in nocuicauh

in noxochiuh esta canción mía

esta flor mía esta canción mía

esta flor mía this song of mine

this flower of mine this song of mine

cuatro décimas originarias

Gabriel González Núñez

Origen místico de la yerba mate

Los vecinos emigraron
lejos de la toldería
dejándola ahí vacía
salvo por dos que quedaron.

Solitos permanecieron
una nieta con su abuelo.

Un día a un chamán del cielo
dieron un rico alimento,
y él se sintió tan contento
que dio yerba mate al suelo.

Origen místico de la papa

El pueblo fue conquistado

por unos hombres muy malos

que bajaban con sus palos

a robar lo cultivado.

Los del pueblo castigado

rogaron en oración

pidiendo liberación

de la muerte por hambruna,

y los dioses, por fortuna,

dieron papa en salvación.

Origen místico del maíz

Alimento había poco,

por más que sobrara el oro,

que no era ningún tesoro

ni era comida tampoco.

Un hombre muy de hambre loco

regresaba del mercado

tan triste, sí, tan cansado

que sus pepas dejó caer.

Un milagro pudo así ver:

el oro en maíz tornado.

Origen místico del cacao

Quetzalcóatl dejó su hogar

entre los dioses hermanos

y a los sombríos humanos

visitó en otro lugar.

Vino flotante a entregar

una semilla secreta

y también una receta

que al hombre siempre provoca

al llevársela a la boca

una alegría inquieta.

cinco haikús cotidianos

Gabriel González Núñez

1

Ventana abierta
do entra brillo lunar.
Hondo meditar.

11

Los niños duermen
y el sol alza su estela.

Lunes de escuela.

III

Hay que lavar

vaso, cubierto y plato.

Limpiar un rato.

IV

Los niños vuelven
de corretear afuera.

Cena casera.

ν

Junto a una iglesia

vi una diminuta flor.

Gracia del Señor.

Gabriel González Núñez

diez madrigales modernos

Gabriel González Núñez

Tecnicolor

Transitaba por un camino oscuro,
cerrado en árboles monocromáticos.
Buscaba yo un rumbo estrecho y seguro
pero era como un coche sin neumáticos.

Cargaba yo el dolor
de vivir con tanto gris.

Te vi entonces llegar
con tu paleta y pincel tecnicolor
para de un toque pintarme de feliz.

Manos

Makeda, del gran Saba,

al rey Salomón en oro bañaba.

Marco Antonio al amar

a Cleopatra navegó todo un mar.

Shah Jahan consiguió erguir

por Mumtaz Mahal un templo de marfil.

Bolívar en su amor

integró a Manuela a su estado mayor.

Yo no soy poderoso.

Tampoco soy famoso.

Solo te puedo demostrar mi amor

dando mis manos de trabajador.

Huelga

Él vivía, de la urbe, bien afuera,

y ella, más bien adentro.

En consecuencia, fuera como fuera,

verla suponía viajar al centro.

El viaje lo hacía el fin de semana,

sin falta el sábado por la mañana.

Solo entonces podía,

por los dos trabajitos que tenía.

Un día pararon los transportistas

(incluso los taxistas).

Entonces él se puso a caminar

para a su novia contenta dejar.

Pesebre

Será la primera Navidad juntos,

la primera de los dos.

Tu mamá nos regaló el arbolito.

Es bastante chiquito.

Mucho mejor así.

Lo ponemos aquí.

Consigamos también un nacimiento.

Claro, por el momento

piezas habrá solo tres

pero cada año, digamos vez tras vez,

iremos agregando un pastorcito

y después capaz algún borreguito.

¡Será enorme el pesebre que tendremos

cuando vengan los nietos!

Congoja

Estaba acostado y de bata roja.
Por la derecha le pasaban suero.
Ese día cumplía treintaidós
y tenía el apéndice inflamado.

Ella estaba a su lado
desde que ambos tenían veintidós.

Si se acompañan hoy en la congoja
es por su amor sincero.

Hoy les toca sufrir
pero ya habrá tiempo para reír.

Trashumantes

El José es mexicano
y visto que cruzó el gran río a nado
para trabajar el campo texano
ostenta solo un título: «mojado».
María también trabaja los campos
y es, al igual que sus padres, migrante.
Cada día se encomienda a los santos
en su vida de simple trashumante.
José y María saben que se gustan.
En las noches se buscan.
Cuando llega a su fin la temporada
se susurran la promesa porfiada
de volver a buscarse el próximo año.

Weekend

Nos vamos de *weekend* a Punta Cana
a bañarnos en agua de turquesa
y disfrutar como la realeza
en la República Dominicana.

Y nos acostamos en la azotea
para sentir el correr de la brisa
y conversar hasta la hora que sea
para dormir y despertar sin prisa.

Sabrás que así te quiero,
que en mi corazón eres lo primero.

Skype

Te veo sonreír.
La sonrisa así el rostro te ilumina
tal cual una pincelada sencilla.
El pelo cae sobre tu mejilla
como el sol a la vida campesina.
El cutis pálido te resplandece
en la luz que el monitor nos ofrece.
Y en lo oscuro, vos, en ese lugar.
La sonrisa cuelga sobre el lunar.
Cuando te mordés el labio inferior...
¡bien ya quisiera yo por un instante
gozar la dicha ardiente
de mordértelo con todo fervor!

WhatsApp

Hola che como estás?

Bien, bien y vos cómo vas?

Yo bien acá amándote

Cursi! Yo solo saludándote

Ay no! Me pongo triste!

Jaja así es, viste viste

Uh llegó el profe así que me despido

Un momentito, hay algo que te digo...

Bueno sí dale dale

Mirá que más te vale... ☺

Todo nos salió en verso

Jajaja y sin esfuerzo!

Bueno, ahora sí, te quiero

Te RE quiero! Chaucito!

Distancia

Si fuera un fugaz halcón volaría
hasta la alta cima para tocarte.
Si fuera un caracol me arrastraría
hasta el polo norte para abrazarte.
Mas soy un hombre apenas,
a dos mil kilómetros de distancia,
lejos de tu sonrisa y tu fragancia,
que en solitario soporta las penas.
¡Ay, tenerte a mi lado
como si nunca te hubieras marchado!

quince sonetos citadinos

Gabriel González Núñez

Montevideo

Se evidencia en la Tacita del Plata
una europeizante y vieja fachada,
mas es una capa resquebrajada
que una esencia americana delata.

En sus grises veredas se retrata
hoy la futbolera fanaticada,
la música de una era ya pasada
y la convivencia familiar grata.

No es una capital grande del mundo,
pero cuando me acoge cada tanto
siento en su latir un ritmo fecundo.

Tal vez porque de este sitio soy oriundo,
es que me seduce con un encanto
que se me acomoda en lo más profundo.

Paysandú

Ciudad pueblo de angostas callecitas,
de coches brasileros y cuadrados,
de árboles en la vereda plantados,
de baldosas rotas, siempre chiquitas.

Ciudad pueblo, la de aquellas placitas,
la de inviernos de abrigos obligados,
la de veranos bien acalorados,
la de niños rumbo a sus escuelitas.

Hoy te veo a través de un viejo lente
—todo tiene una textura difusa—.
Soy como quien mira y se aleja a la vez.

Hoy te siento la añoranza presente
—o digamos, la lagrimosa musa—,
de un adulto que extravió la niñez.

Quito

Dicen que de Dios eres tú la cara.

Será porque vives allá en la altura,

donde el mismo aire pierde su espesura

y hasta la última nube se hace clara.

Si tu milenaria montaña hablara

diría que es de siglos tu cultura,

que tu centro histórico es hermosura,

que el futuro algo bueno te depara.

Tienes cierta algarabía moderna

y a la vez una vibra sempiterna

que se fusionan en lo más profundo

de esa perfecta e insondable caverna

donde se forja la identidad tierna

de la gente de la mitad del mundo.

Guayaquil

Lo que más recuerdo era ese calor
que venía del cielo, del asfalto,
de la brisa, en un sostenido asalto
que dejaba a uno empapado en sudor.

Recuerdo además cierto sinsabor
al ver en lo bajo y también en lo alto
personas viviendo sin sobresalto
en sus casitas de caña y dolor.

Años después la encontré transformada.
El terco calor igual aturdía,
pero la ciudad se hallaba ordenada,

con la vía pública iluminada
cual una perla que resplandecía,
y toda la esperanza renovada.

West Palm Beach

Aquel se me hacía un lugar extraño.
Estaba cada día soleado
y sin embargo también desolado,
como si rondase un conjuro huraño.

Unas palmeras de tronco castaño
crecían bien holgazanas al lado
de unas calles de hormigón blanqueado
para los coches de todo tamaño.

Una calle se convertía en puente
y más allá reposaba la playa
y las casas de la gente influyente.

Quien tenía trabajo de sirviente
vivía de este lado de la raya,
porque del otro vivía el pudiente.

Dallas

Llegué como una especie de pionero,

recorriendo el asfalto sofocante,

tanteando un laberinto aplastante,

buscando lo divino y no el dinero.

Pero siempre me sentí forastero,

como un verdadero judío errante

en una urbe joven y pululante,

a la luz de un duro sol extranjero.

Charlé con gente de muchos rincones,

cada cual con su propio pensamiento

y cada cual con sus propias canciones.

Así transcurren las generaciones,

entre la dicha y el abatimiento

que experimenté entre tantos millones.

Lago Salado

Llegué por vez primera a este lugar
gracias a unos amigos que en su coche
me llevaron al centro por la noche
para admirar sus luces al pasar.

El recuerdo me obliga a confesar
que aquel arquitectónico derroche
de piedra iluminada sin reproche
me dio anhelo de un día regresar.

Luego allí conseguí un apartamento
en el que unos años viví solito
y experimenté un entristecimiento.

Pero cuando me nacía el lamento
miraba el sacro templo de granito
y hallaba respiro en aquel tormento.

Bogotá

Aquellos eran días de guerrilla.
El miedo en la ciudad se reposaba
y, sin pedir permiso, se estiraba
como una manta de oscura mezclilla.

Se hacía tangible la pesadilla
cuando por ahí una bomba explotaba.
Y la seguridad se reforzaba,
con una que otra castrense cuadrilla.

A su vez había un verde esperanza,
un palpable deseo de vivir
que resplandecía como una lanza.

Y hoy parece que la paz ya se alcanza,
así que (a Dios gracias) el porvenir
brilla con más verde y más esperanza.

Ciudad de México

Allí hay una plaza de Tres Culturas.
Abajo, unas ruinas fundacionales.
Arriba, unas capillas coloniales.
Alrededor, modernas estructuras.

Allí se vivieron horas muy duras
en que las autoridades bestiales
incurrieron en crímenes brutales
contra las generaciones futuras.

Hay cerca un ángel de la Independencia
y muchísimos otros monumentos
que plasmaron la nacional consciencia.

Tras verlo todo, soy de la creencia
que de esta historia urbana y sus momentos
radica en las Tres Culturas su esencia.

Nauvoo

Blanco, despierta el pueblo bien helado
Blanca, la mañana abre en su pureza.
Blanca, la neblina flota en pereza.
Blanco, reluce el río congelado.

Blanco, resplandece el templo sagrado.
Blanca, tu capa de nueva princesa.
Blanca, tu mirada de real alteza.
Blanco, es el sí por ti pronunciado.

Dando unos pasos, atrás ya dejamos
el templo bordeado por un halo,
y el horizonte juntos contemplamos.

Hacia algún lugar que a ver no alcanzamos
con un dedo esperanzado señalo
y te susurro al oído: «Allá vamos...»

Provo

Las estaciones pisan bien marcadas.
Al principio baja blanca la nieve,
trazando su tenue bajorrelieve.
Tras el sol, las cosas todas mojadas.

Después sí, las tardes acaloradas.
El termómetro da su baja leve,
anuncia que el frío sin demora vuelve.
El tiempo va dejando sus pisadas.

Así primero pasa una estación,
seguida de la otra, sin alboroto,
con tenacidad, sin vacilación.

En este pueblo boca de un cañón,
donde el reloj se nos figura roto,
te dedico una primera canción.

Tarragona

Descubrimos juntos este poblado,
que fuera fundado por un romano,
que sufriera en manos de algún tirano,
y aun así no parece cansado.

En su arquitectura está evidenciado
el pasar rotundo del tiempo anciano.
En sus árboles de aspecto lozano
respira el hoy de pueblo retirado.

Temprano vemos el sol despuntar
desde un balcón, tomando dulces mates
y mirando el mediterráneo mar.

Por donde sea hay tanto que admirar,
pero el tesoro de los mil quilates
es que a mi lado te encuentras tú, mi par.

Lovaina

Amenaza hoy una lluvia cansada

sobre esta ciudad cromada y sin plano

poblada de ciclistas de andar sano.

El cielo se prolonga cual frazada.

Muchachas de cabellera dorada

se toman con jóvenes de la mano

y se juran amor, tal vez en vano.

La ciudad entera queda empapada.

Y nosotros también en un segundo

quedamos de los pies a la cabeza

mojados en el diluvio profundo.

No es en este llover en lo que me hundo,

ni en esta ciudad, ni en su gris belleza,

sino en tus dos ojos, que son mi mundo.

Flensburgo

El agua forma un brazo tembloroso

que se pone entre mí y una colina

llena de casas y verde frondoso.

Una iglesia reposa sobre la cima.

Se arrima silente un antiguo barco

por golpes de sal y sol azotado.

Veo personas recorrer el arco

dorado en que el mar se ahoga callado.

Hasta este final de todos los mares,

entre mercados y mil marineros,

bajo estas aves de secos cantares,

viniste tú, portando tus collares,

así como en aquellos días primeros,

a llenar de vida mis despertares.

Brownsville

Esto es ciudad y también es frontera.
Acá es que se hacen una las culturas.
Los inviernos son una primavera.
Los veranos dejan hondas fisuras.

No se sabe qué lengua es la primera.
Son dos las cuales se usan sin censuras.
En las dos se llama a la compañera.
En las dos se expresan palabras duras.

De tarde se ve a dos niñas jugar
y liberar sus imaginaciones
de mar, selva y superficie lunar.

La promesa muda de este lugar
de encuentros, luchas y contradicciones
está ahí, en ellas dos, en su soñar.

Gabriel González Núñez

una posdata

Gabriel González Núñez

Deambulares

Dicen que el hombre salió del África profundo
y otros sostienen, más bien, que de un huerto en Edén.
Confieso no conocer ni la fértil sabana
ni aquel sitio entre ríos do surgió el mundo entero.

Conozco otros rincones que me quedan más cerca.
Es que nací en el fondo de esta canica azul,
de este ínfimo puntito colgado del negro éter.

Y aquellos eran días de Mázinger y Maya,
de olor a pan casero, de remontar cometas,
de ponerse túnica para asistir a clases,
del cariño de mamá, los juegos de papá.

Cuando era un niño chico viajaba a Maldonado
a visitar parientes que por allá vivían.
Me parece recordar pisos como de tierra.
(En Punta del Este, no. Chalets y playas, sí.)
Siendo niño ya supe que el pobre sirve al rico.

América es esbelta, trigueña, milenaria.

Tiene forma de mujer alada y tentadora.

Su cordillera dorsal es blanca, verde, viva.

Con su caricia sutil me seduce por siempre.

Techos de tejas rojas, eso es lo que recuerdo.

Un hotel color café besando una laguna.

Cuenca, ciudad andina, evocada entre brumas.

La moderna Santiago me dio toda la vibra

de tener sed de jet-set, hambre de primer mundo.

Un borracho cantaba triste un gol que no fue.

La noche de fin de año la gente de Recife

viste sus blancas galas y enrumba hacia la playa.

Brazos de mar recortan la ciudad como dedos

que levantan arena, la sopesan, transforman.

Vi unas torres de lujo junto a favelas *chatas*.

Deambulo y llego a Asia, donde hay gente y más gente,

donde cobro consciencia que el mundo no tiene fin.

Ese golpe de luz

Veo aquí el nombre Chiang Mai con letras como flores.
Un mercado nocturno, ropa, comida, todo.
Las pagodas refulgen a la luz de un sol cálido.

Deambulo en Europa con los ojos abiertos
viendo la actual pujanza de sus viejas culturas.

En Barcelona veo cosas que me sorprenden,
y oigo hablar en catalán, en español y en árabe.
Me la imagino vuelta capital de un país.

Entre todas las joyas de la corona belga
el resplandor de Brujas encandila sin igual.
Ciudad puesta en vitrina, vestigio restaurado.

París es monumental, con su torre afamada
su obelisco de Egipto, su museo, su tumba.
¿Sería posible erguir todo esto en democracia?

Esta tarde en Ginebra llueve con abandono.
En Naciones Unidas recibo un feliz premio.
Peregrino borgiano. Mañana al cementerio.

Roma se resquebraja con su cimbrar turístico.

Ebria, se tambalea con su acento italiano.

Aquí hay un eco rudo de mi crianza de pobre.

Esto es el Copenhague del Cristus marmolado.

Cruzo una galería muy jarripoterezca.

¿Dónde está? ¿Dónde queda la sirena de bronce?

En taxi rumbo al hotel, converso en portugués.

Luxemburgo se parte, tiene lo alto y lo bajo.

El dinero ostentado, ¿de dónde lo sacaron?

Llego en invierno a Turku, cuando el río se hiela,

el día dura nada, la sal cubre las calles.

El silencio ensordece. Y también enmudece.

Es en Londres que entiendo, porque mis ojos lo ven,

lo que es ser la capital de un altanero imperio.

La abundante opulencia de subyugar al mundo.

Y es verdad que se vuelve siempre al primer amor,

que en mi caso es la mujer trigueña y tentadora.

Me resulta imposible no verme seducido

por estas callecitas grises de Buenos Aires.

Estos árboles tristes se dibujan en mi alma.

Facturas, fútbol, fiebre; brutal franqueza reina.

No me quiero ir más de acá, acá puedo ser yo.

Esto es Santo Domingo. Me atrapa y me sofoca.

Un enjambre de coches en plomo me perfuma.

La luz es más diáfana, los colores, más vivos.

¿Por qué tanta miseria? ¿Es culpa de Colón?

¡Y ese mar multicolor! ¡Qué joya puso Dios!

De todo tiene Ottawa: nombre precolombino,

linaje real inglés y hasta un dejo francés.

Vivir acá es de machos. ¡Cómo hace frío aquí!

En San Antonio veo lo que Estados Unidos

le arrebató, le aportó, sin reparos a México.

Urbe estadounidense de raíces hispanas.

Tijuana —¡pobre tía Juana!— se da de bruces

contra una muralla separadora de pueblos,

pero en resistencia la pinta de mil colores.

Sigo deambulando, redactando sonetos

a ciudades queridas y componiendo versos

a inolvidables sitios que crucé cual cometa

que surca el firmamento sin conocer el rumbo.

Ignoro los destinos que el porvenir depara

pero a Dios le agradezco que en este punto azul

nos permita hacer y ser, nacer para vivir,

observar para soñar, respirar para amar,

y, del modo que sea, siempre deambular.

Agradecimientos

A todos los que me alentaron para seguir haciendo poesía, incluso cuando aburrí en algún entorno familiar o publiqué alguna timorata tentativa en las redes sociales. A Daniel García Ordaz, talentoso poeta que un día me dijo que lo mío valía la pena, y me instó a seguir creando. A todos los que hicieron posible este libro, entre ellos Rossy Lima, Leticia Sandoval, Elvia Ardalani y Alicia Aguirre. Y a Edward Vidaurre, atrevido poeta y editor que tiene la osadía, en estos tiempos complicados, de publicar en Estados Unidos a poetas de habla hispana.

Gabriel González Núñez es profesor de la Universidad de Texas en el Valle del Río Grande, donde forma traductores e intérpretes. Ha incursionado en varios géneros literarios. Es autor de los libros para niños *Me llamo José Gervasio, y así me hice jefe de los orientales*; *Me llamo Juana, y así me hice poeta*, y *Me llamo José Pedro, y así me hice reformador*, editados por Penguin Random House Grupo Editorial en Uruguay. También publicó, en edición de autor vía Amazon, la obra experimental *Estampas del Libro de Mormón*. El presente poemario, *Ese golpe de luz*, recoge poemas éditos e inéditos.

Como muchos, tiene blog: GabrielGonzalezNunez.wordpress.com.

En redes sociales, se lo puede encontrar en:

Facebook: EscritorGabrielGonzalezNunez

Twitter: GGonzalezNunez

CPSIA information can be obtained
at www.ICGtesting.com
Printed in the USA
FSHW022355210220
67212FS